RECUEIL ENCYCLOPÉDIQUE

DES

TRAVAUX DES DAMES.

PREMIÈRE PARTIE

TRAVAIL AU LACET.

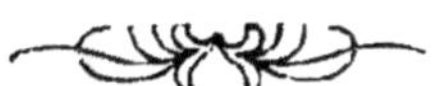

ENCYCLOPÉDIE

DU LACET

PAR

LES AUTEURS DU JOURNAL CENDRILLON.

PARIS

CHEZ AD. GOUBAUD ET Cie, 43, RUE VIVIENNE.

Bruxelles

CHEZ PÉRICHON, A LA LIBRAIRIE ENCYCLOPÉDIQUE.

1851.

AVANT-PROPOS.

Nous avions, depuis quelque temps, l'intention de publier un Manuel pratique des Ouvrages au Lacet : nous désirions y joindre toutes les explications nécessaires d'une manière aussi concise et claire que facile à suivre, en accompagnant nos préceptes de gravures propres à applanir toutes les difficultés. L'idée de cette Encyclopédie a été provoquée par quelques publications, dont pas une ne nous parut satisfaisante : ces indications étaient ou peu claires ou trop superficielles. En faisant paraître le premier numéro de CENDRILLON, dont le nom rappelle un type charmant de modestie et d'activité, nous avons compris la nécessité de former une suite de Manuels Élémentaires des ouvrages de mains qui, quoique complets, réuniraient la clarté à la concision et dont l'ENCYCLOPÉDIE DU LACET ouvre la série.

Nous avons donc désiré former un Manuel qui pût bien enseigner à nos lectrices cet art charmant, et leur donner une idée complète des différents points anciens et modernes, dans toute leur étendue.

Avec ce Manuel, et tout en se servant du LACET pour faire les contours d'un patron, il n'est pas nécessaire de dévier de la règle générale, et l'on pourra travailler ces POINTS à l'aide d'une aiguille, comme on le fait à l'égard de la véritable dentelle, dont la base est composée soit de fil (fin ou gros), soit de cordonnet.

Nous ferons observer ici que dans le choix des noms des différents POINTS, nous avons été guidés par le POINT principal ; plusieurs n'étant en effet que des variétés d'une même sorte.

Dans les dessins ajoutés au texte, nous nous sommes efforcés de les indiquer de manière à ce que l'on trouve le tout facile à comprendre et aussi satisfaisant à l'égard de la correction du dessin qu'à celui de sa variété.

Quant à la combinaison dans le même dessin des différents POINTS les plus distingués, nous avons tâché d'être aussi clair que possible, afin de faire disparaître toutes les difficultés d'un art auquel la faveur des dames est irrévocablement acquise.

Il n'existe peut-être pas de travail qui puisse imiter et rendre d'une manière aussi parfaite, l'art élégant et perdu de faire les dentelles des siècles passés. Quant on saura que, pendant l'âge d'or de l'art, les peintres les plus éminents de l'Italie et des Pays-Bas donnaient l'apparence la plus flatteuse aux produits des artistes en dentelles, en les reproduisant dans leurs plus belles œuvres ; lorsqu'on saura encore que ces esprits prévilégiés firent servir aussi leur génie à l'art de dessiner les patrons, et partant, à l'art même de la fabrication des dentelles, nos lectrices ne s'intéresseront que davantage à un art qui sait imiter d'une manière aussi heureuse, avec autant de goût et de variété, la fabrication des dentelles antiques, appréciés à si juste titre, autant pour le fini du travail pour que le bon goût des dessins.

GLOSSAIRE

Des termes usités dans le lacet.

RANG OU RANGÉE DE LACETS : — ils vont d'un bout du dessin à l'autre. Le premier rang est celui qui forme le bord du côté du cou ; le dernier rang forme le bord extérieur.

TOUR : — c'est la longueur d'un espace, en allant du côté gauche au côté droit, et qui doit être fait d'un point uniforme.

TOUR A L'ENVERS : — c'est la longueur en allant du côté droit au côté gauche.

COMMENCEMENT : — On fait un petit nœud au bout du fil, et on fait avec l'aiguille, au milieu du lacet et dans la direction de ses lisières sur une même ligne, quelques points plats.

RABATTRE :— Arrivé à la fin d'un ouvrage, ou d'une de ses parties isolées, on fait un point de Venise, et puis quelques points plats ordinaires, en suivant la longueur du lacet, puis on passe l'aiguille et le fil au revers du dessin et on coupe le fil.

FIXER LE LACET — après avoir placé les deux bouts l'un sur l'autre, on les coud ensemble d'une manière ferme et à un centimètre de distance des bouts, puis on replie les deux bouts chacun de son côté en les fixant à l'envers du lacet.

Passer d'un espace a un autre : — pour arriver au point que l'on désire atteindre, afin d'y ouvrir une nouvelle série de jours, on fait une suite de petits points plats dans le milieu du lacet, jusqu'à ce qu'on soit arrivé au point désiré.

Réunir des poits : — on passe l'aiguille de chaque point dans le point opposé.

THÉORIE PRATIQUE

DU LACET.

Jusqu'ici, pour les ouvrages au lacet, on a donné des patrons faits de telle manière, qu'ils doivent, il n'y a aucun doute, fatiguer l'organe aussi délicat que précieux de la vue. Nous avons cru qu'il importait, au succès de notre Encyclopédie, de rendre le bon service à nos lectrices, d'obvier à ce défaut, et de leur donner, tant ici que dans notre CENDRILLON, des patrons où les Dames n'auront plus besoin de suivre, presque en tâtonnant, des lignes minces, irrégulières, et d'une couleur douteuse, se détachant mal sur celle du fond. Nous avons voulu leur présenter des patrons sur lesquels le lacet, tracé par une main exercée, et d'une manière ferme et large, se présentât nettement sur la couleur du fond.

Cette nouveauté fera que nos lectrices pourront suivre avec la plus grande facilité les indications pour l'application du lacet, en se conformant strictement au cours du dessin: nous nous en félicitons et nous espérons qu'elles nous en sauront gré.

Si quelqu'une de nos lectrices se voyait pourtant forcée de faire usage d'un des patrons défectueux que l'on vend partout, différant essentiellement de ceux que nous donnons ici, et de ceux que nous publierons dans notre CENDRILLON, nous leur indiquerons le moyen d'éviter, autant que possible, la fatigue des yeux dans ce travail, en agissant comme suit :

On copie les contours du dessin, c'est-à-dire les deux lignes représentant le lacet, sur un papier d'une couleur très-claire ou blanche, en se gardant bien de choisir du papier glacé ou foncé et luisant (ce qui ajouterait à la difficulté), et prenant soin d'indiquer les places où le lacet passe PAR-DESSUS ou PAR-DESSOUS une autre ligne, exemple :

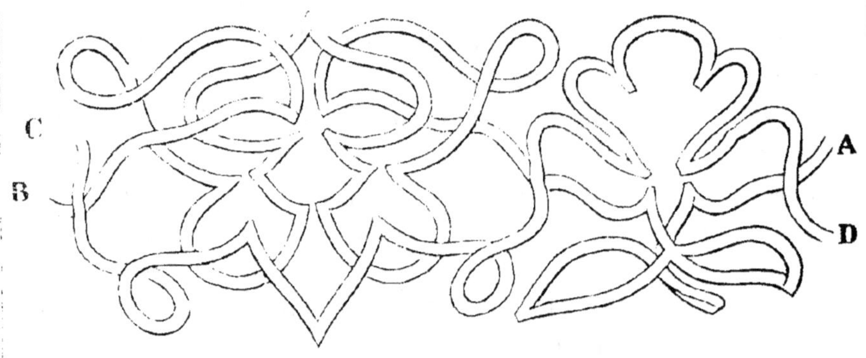

Ensuite on colle le revers du papier sur de la toile, ou du calicot un peu fort et lustré, puis on le coud sur de la toile cirée. Si on le colle sur une des deux étoffes indiquées plus haut, on entoure les bords d'un léger point de surjet (ou en faufilant), afin d'éviter qu'ils ne se déchirent ou ne s'effilent.

MANIÈRE

DE GARNIR LE DESSIN.

Avec une aiguille à coudre, du fil de bobine ordinaire, d'une finesse moyenne, on commence par le côté gauche du dessin, c'est-à-dire par le côté qui se trouve à votre droite, quand vous le tenez devant vous. Après avoir fixé le bout du lacet, on continue de garnir le lacet à toutes les lignes en suivant exactement les figures et les courbes du dessin.

Pour tenir le lacet sur le dessin, on fait des petits points plats, dont la longueur ne doit pas excéder environ deux millimètres. Ces points doivent se trouver au milieu du lacet. Ainsi placés, on est à même de l'étendre et de lui faire décrire des courbes et et des angles réguliers.

Quant on veut former des figures ovales, elliptiques ou circulaires, on doit continuer de presser fortement le lacet sur le dessin, en y passant la main à plusieurs reprises, jusqu'à ce que les bords du lacet y restent parfaitement appliqués d'eux-mêmes, sans le secours de la main. Là où le dessin forme des angles, les deux bords du lacet doivent être cousus par un ou deux petits points plats sur le dessin. Après être cousu, le lacet est plié ou retourné sur lui-même pour former l'angle. Par ce moyen, on préviendra qu'il ne s'allonge quand on le retourne.

On continue ainsi tout le long du premier rang du dessin, et s'il le permet, on rebrousse chemin pour couvrir le second rang du dessin en travaillant de la main droite à la main gauche (de C à D), c'est-à-dire, en allant vers votre gauche lorsque vous tenez le dessin devant vous, puisqu'on doit éviter autant que possible d'avoir à réunir les bouts du lacet.

Aussitôt l'ouvrage fini, il faut ôter les points de couture, qui ont attaché le lacet au papier. Il est donc parfaitement inutile de faire ces points trop fins ou trop rapprochés les uns des autres, cela ne pourrait qu'abimer le lacet.

Quand tout le dessin est couvert de lacet, on peut commencer à faire les POINTS de dentelles ou les jours.

DES POINTS

DE DENTELLE OU JOURS.

Pour aider à l'intelligence de ce que nous allons dire, on remarquera que nous avons dû représenter quelques-uns de ces points sur une échelle plus grande que nature.

§ 1. — POINT DE BRUXELLES.

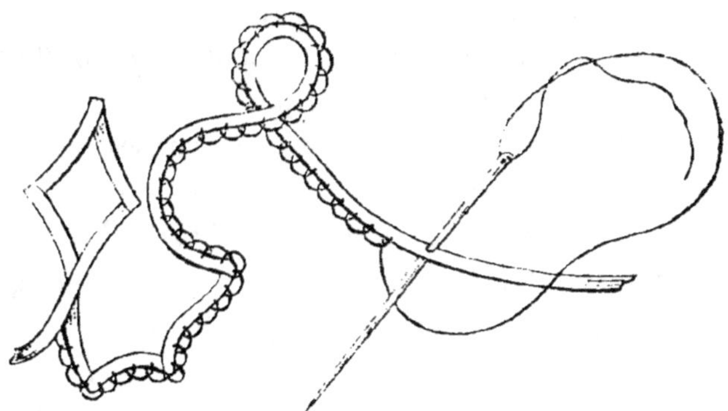

Ce point est la base de tous les autres points de dentelle, de surjet, de chaînette ou de feston, qui ne sont que des combinaisons ou des modifications du point de Bruxelles.

On commence sur le côté gauche du dessin (celui qui est à votre main droite lorsque vous tenez le dessin droit devant vous), par la lisière du lacet. On porte le fil vers le côté droit, on passe l'aiguille au travers du lacet et on la retire du côté du revers, en dedans de la ganse ou de la bride, formée par le fil ; ceci finit le point. On continue ainsi tout le long du lacet. On doit en même temps avoir soin d'enfoncer l'aiguille à une assez grande distance de la lisière pour que celle-ci ne se déchire pas.

Ces points doivent être faits un peu lâches en laissant une distance entre eux d'un millimètre environ.

§ 2. FILET DE BRUXELLES.

Ce point est formé en faisant des tours, en point de Bruxelles, droits et à l'envers. On s'y prend de la manière suivante :

Lorsque le premier tour est fini on porte le fil de droite à gauche, en passant toujours l'aiguille par les ganses ou brides du tour précédent, et l'en retirant de la manière que nous venons de décrire. Chaque tour terminé, on passe l'aiguille à travers les bords du lacet pour fixer le fil. Si c'est le dernier tour que l'on travaille on doit, après chaque point, passer l'aiguille à travers l'ouvrage et le lacet.

§ 3. — POINT DE VENISE.

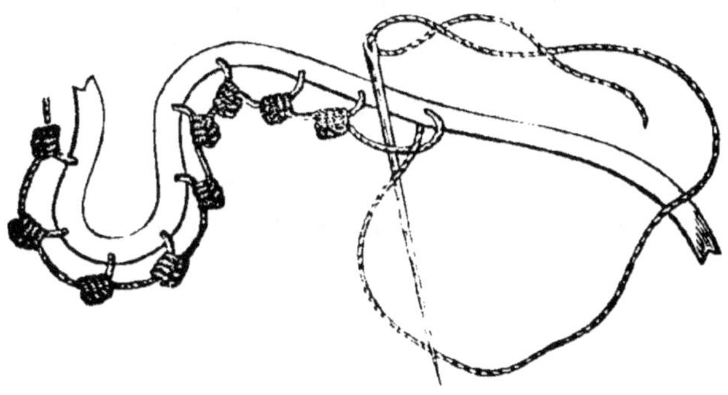

Ce point est toujours commencé à gauche du dessin. On fait un point de Bruxelles sur le lacet et puis dans cette bride quatre points de feston. On répète ceci jusqu'au bout et on finit en coupant le fil après l'avoir solidement attaché.

Pour travailler plusieurs tours, on commence au côté gauche en formant le point de Bruxelles dans les jours du tour précédent ; on y fait comme auparavant quatre points de feston.

§ 4. — PETIT POINT DE VENISE.

Il se forme en faisant dans le point de Bruxelles un point de feston au lieu de quatre; nombre qui se fait dans le point de Venise ordinaire.

§ 5. — POINT D'ANGLETERRE.

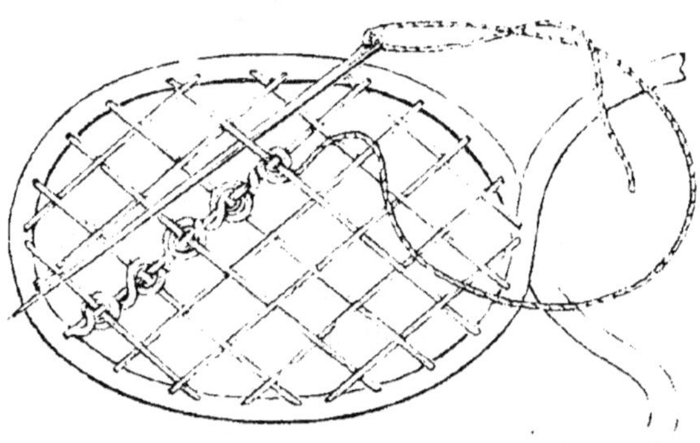

Après avoir commencé au lacet, on porte le fil à la lisière opposée et on l'y fixe par un point de couture. On continue de la même manière sur toute la longueur du lacet, jusqu'à une dis-

tance de trois millimètres du bout, en portant toujours le fil au
côté opposé, jusqu'à ce que tout l'espace que l'on veut garnir de
points d'Angleterre soit rempli. Ensuite on croise les fils de l'autre
côté en passant — comme par un point de reprise — alternativement dessus et dessous les fils que l'on a établis en premier. On
agit à chaque point où se croisent les fils de la manière suivante :
on passe l'aiguille alternativement dessus et dessous les fils croisés, jusqu'à ce qu'on en ait fait cinq fois le tour. Si l'on veut
passer d'une croisure à une autre, on tourne son fil deux fois
autour d'un des fils formant la croix, pour continuer comme nous
venons d'indiquer.

§ 6. — ROSETTE DE POINT D'ANGLETERRE.

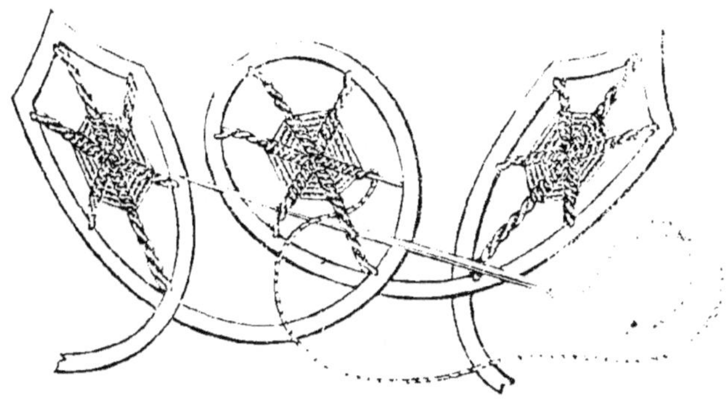

On commence au lacet, en conduisant le fil du côté opposé où on
le fixe par un point d'arrêt. Ensuite on ramène ce fil en le tour-

nant huit ou dix fois autour du premier, ce qui forme en quelque sorte un double fil tors. Puis on partage tout l'espace entre les lacets, en six ou huit compartiments, et on croise les fils, en allant et venant, jusqu'au bout. Ce dernier fil ne doit faire que quatre fois le tour, vers le centre, où tous les fils se croisent. Ensuite on fait un point au centre, afin de fixer tous les autres. Alors on n'aura que six ou huit fils qui se croiseront, dont un ne sera entouré que quatre fois. La base ainsi formée, on commence à travailler autour du centre, en tournant l'aiguille alternativement autour d'un des fils et en la faisant passer dessous le fil suivant, puis on tourne l'aiguille autour de ce fil suivant et on la fait passer dessous le troisième fil. On répète cela huit ou dix fois autour des fils croisés. Enfin on tourne le fil avec lequel on travaille trois ou quatre fois autour de celui qu'au commencement on n'a entouré que quatre fois, et on termine en coupant le fil, après l'avoir solidement attaché.

§ 7. — BARETTE EN POINT DE VENISE.

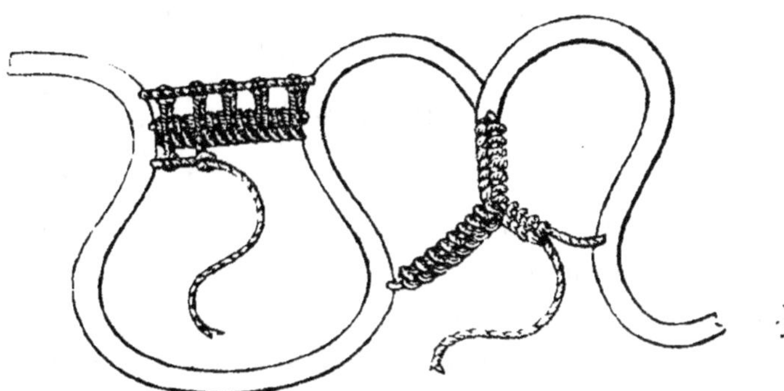

On commence au lacet et on porte le fil vers la ligne opposée
du lacet, en faisant un point d'arrêt, pour fixer le fil. Sur ce fond,
on fait des points de Bruxelles serrés, jusqu'à ce que le fil soit couvert et ensuite on porte le fil du lacet jusqu'au point où on doit
établir la barette suivante.

BARETTE, COMME L'INDIQUE LA FIGURE A : — on croise horizon-
talement un fil, en procédant du côté droit au côté gauche, et on
travaille la moitié de la barette. Ensuite, on porte le fil perpen-
diculairement vers le coin du lacet, en continuant l'ouvrage sur
toute la longueur du fil perpendiculaire, et sur l'autre moitié
,de la barette.

Ces barettes se bordent quelquefois du petit point de Venise, qui se fait dans chaque troisième point des deux côtés, comme il est suffisamment expliqué par la figure qui précède.

POUR FAIRE UN FIL TORS, on croise le fil, en procédant du côté droit au côté gauche, en faisant faire quatre à cinq fois le tour du premier fil à celui avec lequel on travaille; ensuite on reporte ce dernier vers le côté droit et on l'y fixe.

§ 8. — POINT D'ALENÇON.

Ce POINT est employé entre deux barettes de POINT DE VENISE ou entre deux lisières du lacet, afin de les mettre en rapport.

Pour l'obtenir, on fait un morceau en POINT DE BRUXELLES sur la lisière ou ligne supérieure, tandis que l'on porte le fil vers le côté extérieur. On passe l'aiguille à travers la lisière inférieure, ou opposée, et on l'en retire au revers, en dedans de la bride de la même manière que pour le TOUR A L'ENVERS. On recommence en faisant un point sur chaque lisière. Si l'on travaille entre des barettes de POINTS DE VENISE, il faut que l'aiguille perce dans chaque quatrième point des barettes.

§ 9. — BARETTE DENTELÉE EN POINT DE VENISE.

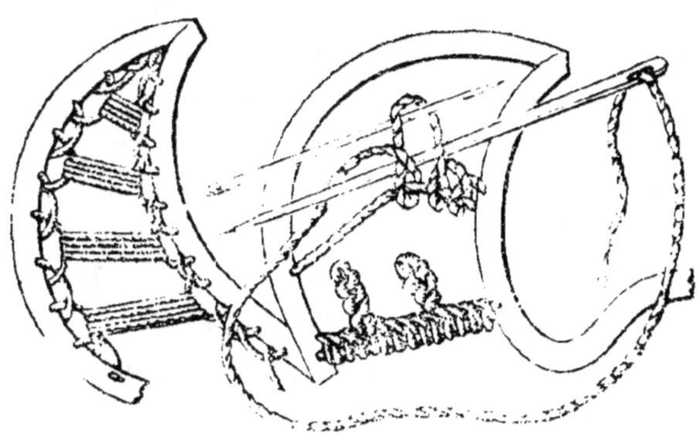

On croise le fil, en procédant du côté droit au côté gauche, et on fait sur ce fil cinq POINTS DE VENISE serrés, passant une aiguille fine dans le dernier point. On ne doit pas serrer le sixième point et l'on doit y faire trois POINTS DE BRUXELLES. Ensuite on retire l'aiguille et l'on répète les cinq points sur le fil.

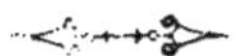

§ 10. — BARETTE DE POINTS D'ALENÇON.

On fait ce POINT entre deux rangs de VENISE, ou de BRUXELLES, pour les lier entre eux. On commence à la lisière inférieure du lacet, en passant l'aiguille par la première bride ou gance formée par le fil. Ensuite on fait passer l'aiguille par la bride de la rangée opposée ou supérieure du lacet, puis on retourne au rang inférieur dans la même bride, et on retourne de nouveau au rang supérieur, toujours dans la même bride. Ceci fait, on passe l'aiguille par les brides suivantes, dans le rang inférieur, en laissant un espace entre les barettes, comme l'indique une partie de la figure de la page précédente.

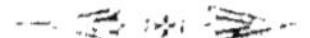

§ II. — POINT DE MALINES.

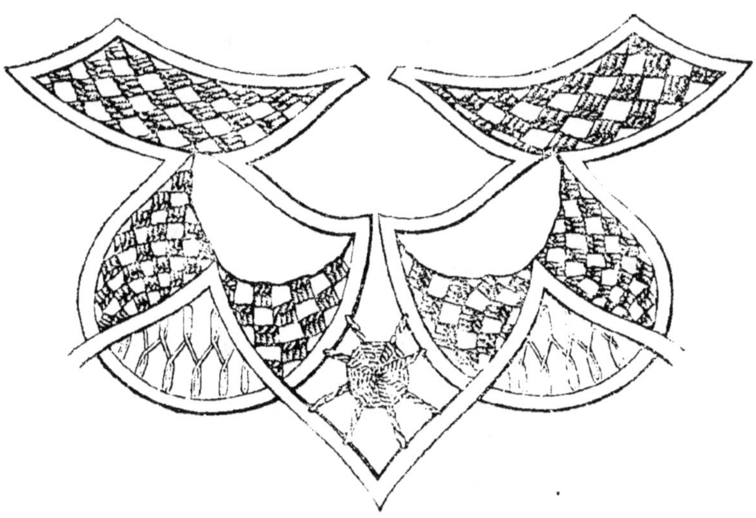

C'est une réunion du POINT DE VENISE, de FILET DE BRUXELLES et de la ROSETTE DE POINT D'ANGLETERRE.

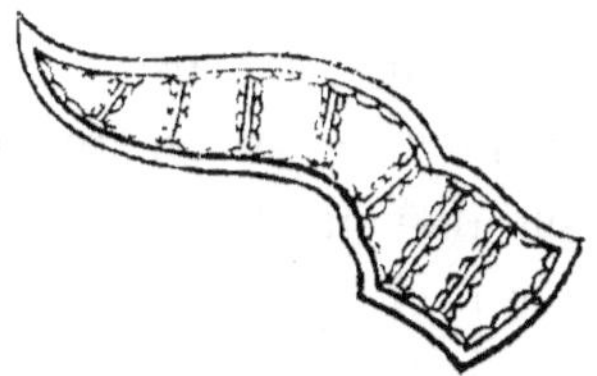

Cette figure représente, en petit, les barettes de POINT DE VENISE, entourées de PETIT POINTS DE VENISE.

§ 12. — POINT DE CARREAUX.

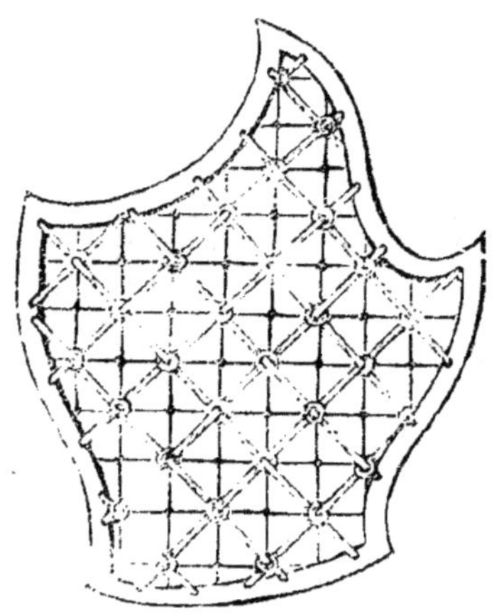

On croise les fils, comme à l'égard du POINT D'ANGLETERRE, ensuite on fait, en fil plus fin, à chaque endroit où les fils se croisent, deux POINTS SERRÉS DE BRUXELLES et on traverse les fils fin de telle manière que ceci forme une petite croix.

BARETTES DE POINT DE VENISE EN PETIT.

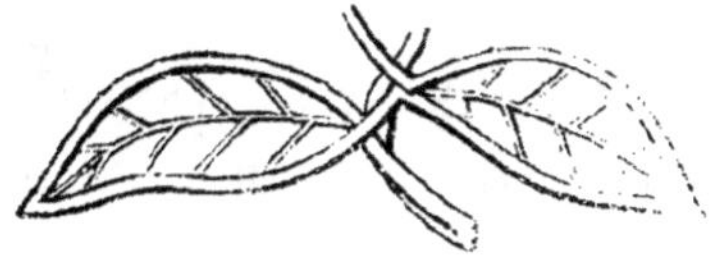

§ 13. — POINT DE LYON.

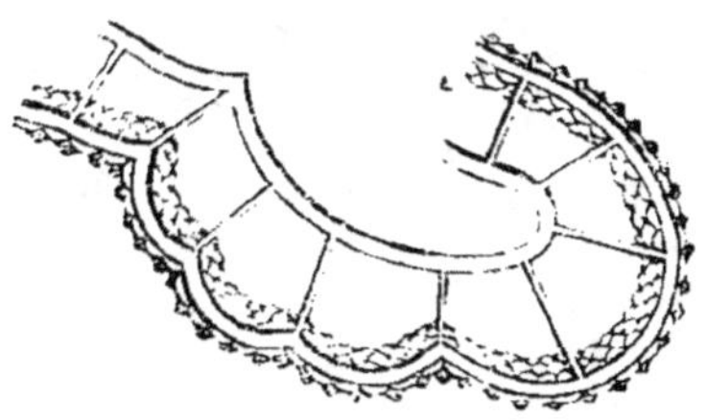

C'est une combinaison de celui de BRUXELLES et de BARETTES du même.

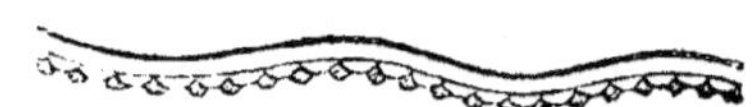

Sur ce dessin, on voit le POINT DE VENISE tel qu'on l'emploie pour picots, aux bords extérieurs de chaque ouvrage exécuté au lacet.

§ 14. — POINT DE BRABANT.

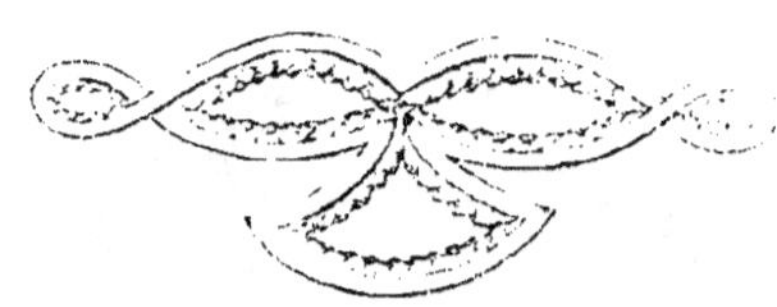

C'est une réunion de ceux de BRUXELLES et de VENISE.

§ 15. — POINT D'AVIGNON.

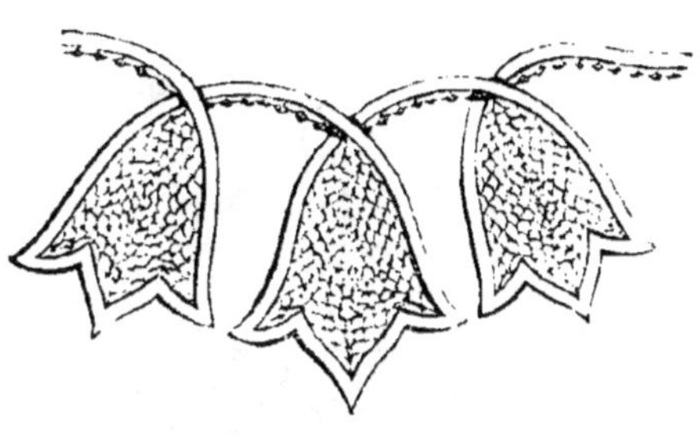

C'est le **POINT DE BRUXELLES**, exécuté de la manière suivante :
On procède, toujours en forme circulaire ou ovale, jusqu'à ce
que le jour soit entièrement rempli. Si l'on veut garder un jour
au milieu, on travaille jusqu'à ce qu'il ne reste qu'une petite
ouverture. Alors, tout en faisant le **POINT DE CORDONNET**, on
passe l'aiguille dans chaque point, on tire le fil et on en fixe
le bout en **RABATTANT**.

§ 16. — POINT COURONNÉ.

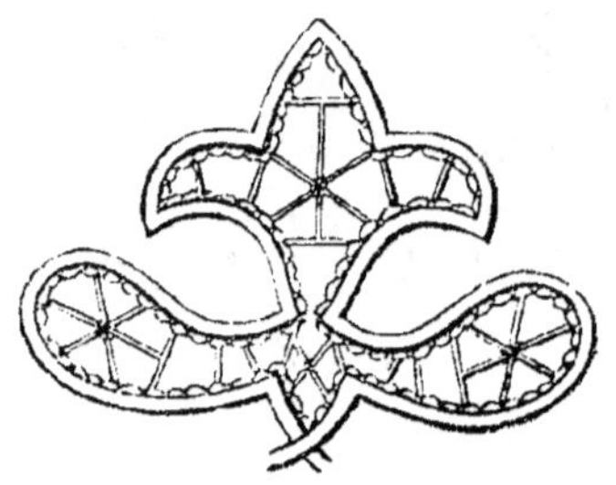

Ce point est une combinaison de barettes et de POINT DE
BRUXELLES.

PRATIQUE

DE LA THÉORIE.

PLANCHE I.

FIGURE 1. — Col d'enfant ou de jeune personne.

FIGURE 2. — Manchette assortie au col.

Cette planche représente les objets avec les divers POINTS et JOURS que nous avons indiqués plus haut.

COL.

MATÉRIAUX. — Une pièce de lacet, qui ne soit pas très-large, du fil numéro 300 C. B. (1). pour le point d'Alençon et le point de Bruxelles, — du fil Nº 180 C. B. pour le point de Venise, — du fil Nº 200 C. B. pour les rosaces — du fil Nº 300 C. B. pour les bords ; — du fil Nº 180 C. B. pour les barettes dentellées en point de Venise ; — du fil Nº 200 C. B. pour les barettes en point de Venise et enfin du fil Nº 300 C. B. pour les barettes en point d'Alençon.

1. Pour faciliter l'exécution de ce que nous indiquons, nous donnons les numéros des fils perfectionnés marqués C. B. qui sont les plus répandus dans le commerce.

En garnissant de lacet le dessin on verra que le lacet est coupé après chaque ananas et, qu'aux feuilles, le lacet recommence à nouveau.

Aussitôt le dessin garni on commencera par :

PREMIER RANG DE LACET : — Là où le premier rang de lacet n'est pas très-éloigné du second, on travaille en POINT D'ALENÇON, entre ces deux rangs. Dans les parties où la distance entre les deux rangs est plus grande, on travaille en POINT DE BRUXELLES sur le premier rang et l'on répète ces deux POINTS jusqu'au bout du rang.

BORD DU COL : — Il se fait en POINT DE VENISE avec du fil Nᵒ 180 C. B.

MELON.

PREMIÈRE PARTIE.

FEUILLES : — On fait une barette en POINT DE VENISE et on la borde de PETIT POINT DE VENISE. Ensuite, tout autour de la ligne intérieure, on fait du POINT DE BRUXELLES, en réunissant l'ouvrage par le PETIT POINT DE VENISE, et faisant du POINT D'ALENÇON dans chaque point.

PARTIE. — On travaille en point d'Alençon tout autour du pied perle et sur toute la longueur de la ligne intérieure, en POINT DE BRUXELLES. Après chaque point on doit passer l'aiguille dans le rang opposé.

DEUXIÈME PARTIE.

On travaille en POINT DE VENISE entre ces rangs.

TROISIÈME PARTIE.

Avec le fil No 500 on fait alternativement un tour en POINT DE VENISE et un tour en POINT DE BRUXELLES, et à la fin de chaque tour on passe l'aiguille dans le lacet.

QUATRIÈME PARTIE, (CELLE DU MILIEU.)

On fait des barettes en POINT DE VENISE, à la même distance que celle indiquée sur la planche et on les relie par du POINT D'ALENÇON entre chaque barette.

ROSE.

FEUILLES : — Dans toute la longueur du centre on fait une barette en POINT DE VENISE, et de ce centre aux pointes formées par les feuilles et figurant les côtes on fait de PETITES BARETTES à volonté.

FLEUR ET TIGE : — Pour la tige on fait une barette en POINT DE VENISE et on la borde en PETIT POINT DE VENISE. Dans la rose, à la partie inférieure du lacet, on fait, en fil N_0 200, un rang de POINT DE VENISE et on remplit tout l'espace en POINT DE BRUXELLES. Autour du bord extérieur on fait un rang de POINT DE VENISE, en fil No 180.

BOUTONS DE LA ROSE : — Sur toute la longueur extérieure et intérieure du lacet on fait du POINT DE BRUXELLES ; en travaillant toujours, avec le même fil ; puis, dans le centre du bouton, quelques barettes minces en POINT DE VENISE.

ANANAS.

FEUILLES : — Autour de chaque feuille, du POINT D'ALENÇON, et entre les feuilles, du POINT DE BRUXELLES.

FRUIT : — Sur toute la circonférence extérieure on fait des POINTS DE VENISE, en fil No 200, ensuite on commence, avec du fil No 300, à partir des petites feuilles de la corolle qui surmonte l'ananas, et on exécute par va et vient les cinq lignes longitudinales que l'on voit sur le dessin, ensuite on croise dix fois ces cinq lignes de gauche à droite en passant l'aiguille alternativement dessus et dessous, puis on croise ces nouvelles dix lignes encore une fois en biais, du côté droit au côté gauche, en passant l'aiguille, toujours alternativement, au-dessous et au-dessus des fils. Ceci exécuté, on forme des rosaces sur tous les points où les fils s'entre-croisent, en faisant sept fois le tour pour les grandes rosaces et réduisant graduellement le nombre des tours jusqu'à cinq, et puis encore jusqu'à trois, pour les petites rosaces, telles que celles du sommet.

LYS.

FEUILLES : — Pour ces feuilles on fait, dans l'intérieur du lacet, des POINTS DE BRUXELLES réunis à des barettes de POINT D'ALENÇON.

FLEUR : — La tige se fait en exécutant une barette de POINT DE VENISE, que l'on borde de PETIT POINT DE VENISE. Dans l'intérieur de la fleur deux tours de POINT DE VENISE, réunissant, par trois fils tors, le calice au sommet de la fleur. Ensuite on fait des barettes dentelées de POINT DE VENISE dans les interstices du fruit et des fleurs, ce qui lie les rangs entre eux. Enfin on fait du POINT DE BRUXELLES sur les contours des feuilles, du melon et sur toutes les parties de la lisière du lacet, que l'on n'a pas encore travaillées.

MANCHETTE.

Tous les détails, et les parties de cette manchette, sont travaillés absolument de la même manière que le dessin précédent.

PLANCHE II.

COL DE DAME. — 36 centimètres d'encollure. — Dessin dentelle. — Un seul lacet.

PLANCHE III.

FIGURES 1 et 2. — Tracé à suivre pour le lacet des col et manchette de la planche 1.

PLANCHE IV.

Tracé du lacet du col, représenté sur la planche 2.

Nous avons fait établir ces feuilles 3 et 4, afin que nos lectrices puissent les retirer de ce volume et s'en servir pour coudre leur lacet sans abimer les feuilles 1 et 2 qui resteront au volume, et pourront ainsi leur servir pour copier tous les dessins et les différents points.

TABLE.

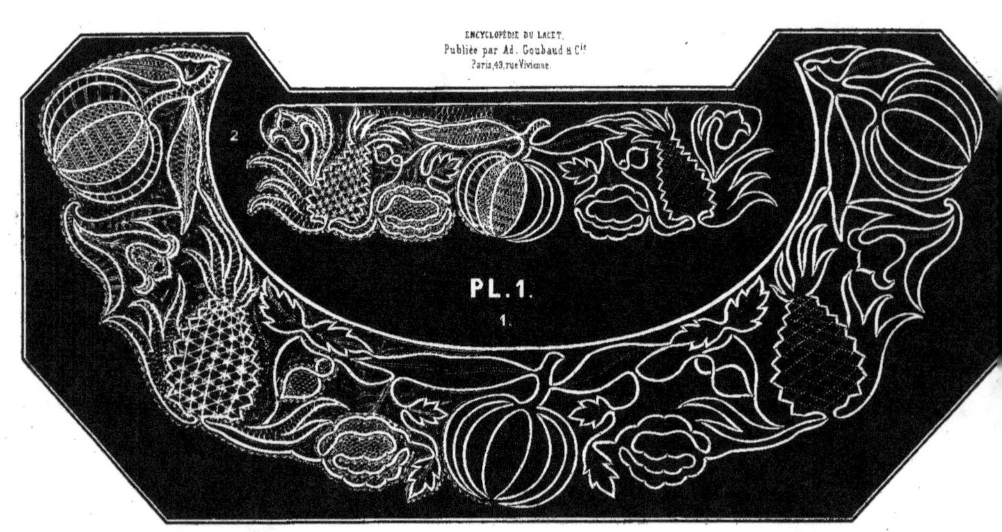

ENCYCLOPÉDIE DU LACET.
Publiée par Ad. Goubaud & Cie
Paris, 43, rue Vivienne.
2
PL. 1.
1.

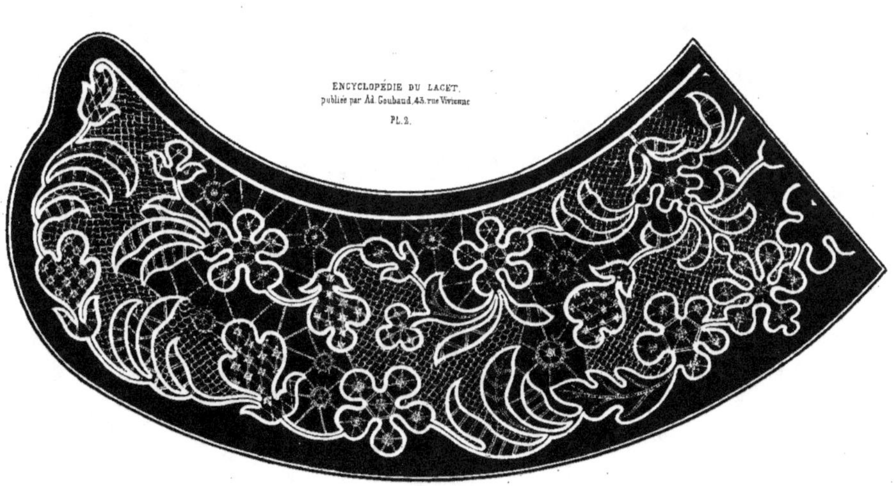

ENCYCLOPÉDIE DU LACET.
publiée par Ad. Goubaud, 43, rue Vivienne.
PL. 2.

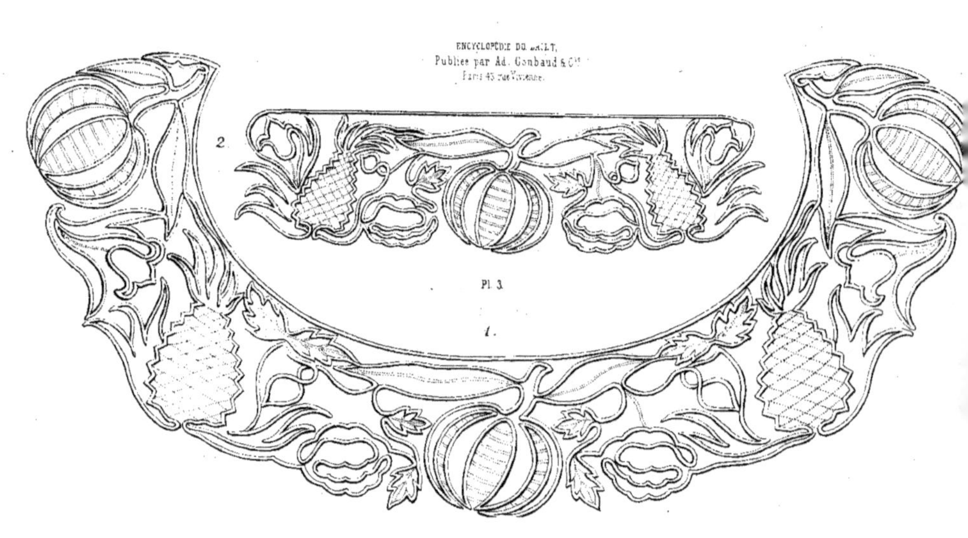

ENCYCLOPÉDIE DU BÂT.T.
Publiée par Ad. Gonbaud & Cie
Paris 45 rue Vivienne.
2
Pl. 3.
1.

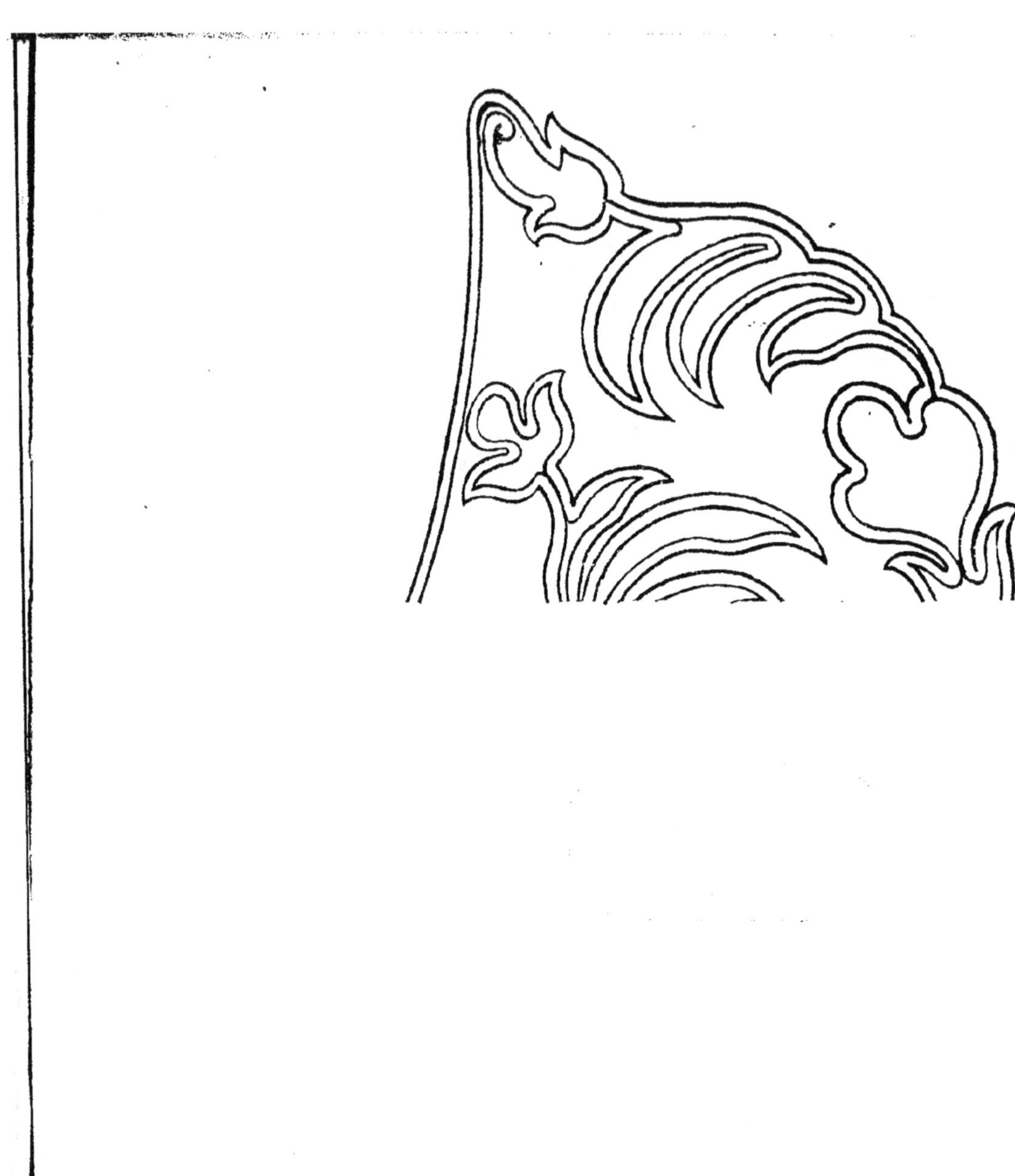

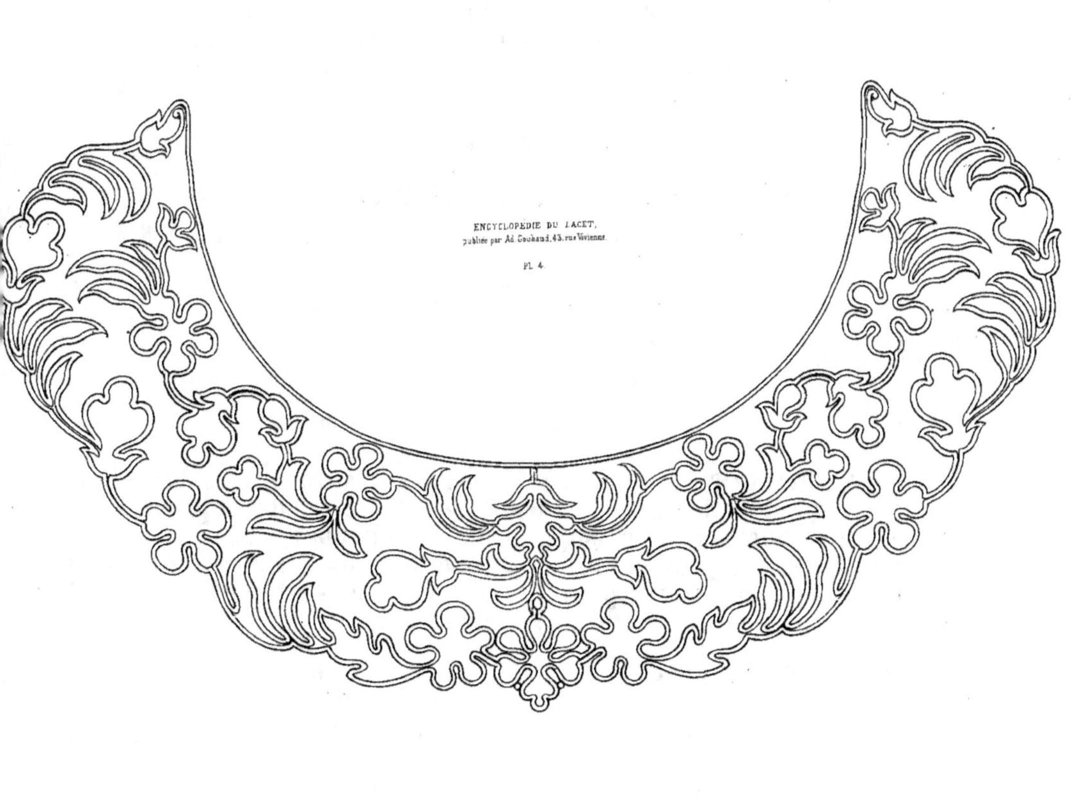

ENCYCLOPEDIE DU LACET,
publiée par Ad. Goubaud, 45, rue Vivienne.
PL. 4.

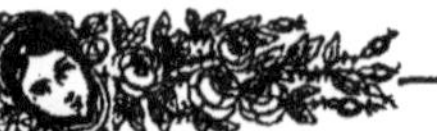

En faisant de *Cendrillon* un Journal mensuel propre à initier toutes les dames aux mille travaux qui occupent leurs loisirs, nous avons obtenu un immense succès, et il nous a été demandé de toutes parts de compléter ce travail si attrayant, par une série de petits recueils théoriques et pratiques de tous ces travaux usuels. L'*Encyclopédie du Lacet* est le 1er volume de cette petite bibliothèque des dames, qui se continuera de mois en mois.

EN VENTE :

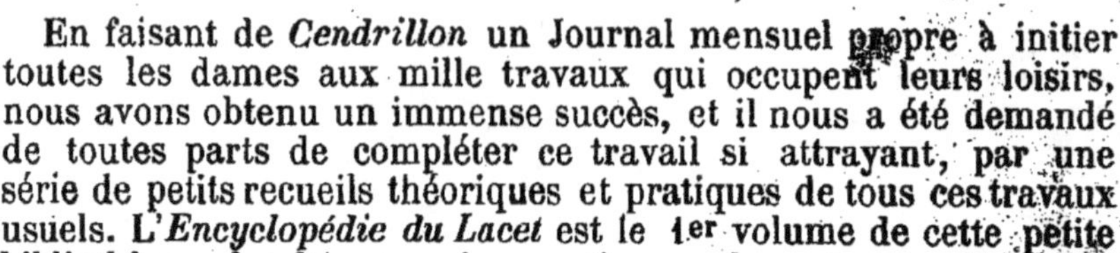

1er Volume. — **LACET**, avec figures et planches. 1 fr.

Par la Poste, expédié *franco*. . . 1 » 25 c.

SOUS PRESSE :

2me　　》　　**TRICOT,**　　　》　　　　》

3me　　》　　**CROGHET.**　　　》　　　　》

4me　　》　　**FRIVOLITÉ.**　　》　　　　》

CENDRILLON, Journal encyclopédique des travaux de dames, douze petits volumes — contenant — douze modes aquarelles — douze morceaux de musique inédite de Schubert — des gravures morales et religieuses — de la tapisserie — tous les travaux de dames — avec texte explicatif — des patrons — et toutes sortes de broderies — de recettes, etc., etc.

Le Jouanal paraît chaque mois, depuis le 20 novembre 1850.

Paris.................... Par AN 4 fr.
Province................. — 5 » 50 »
Étranger................ — 6 » 50 »
Espagne et Portugal...... — 9 »

(Écrire *franco*). On s'abonne dans les bureaux de Cendrillon, rue Vivienne, 43. — Chez tous les Libraires — dans tous les bureaux des Messageries — et chez tous les Marchands d'objets pour travaux de dames.

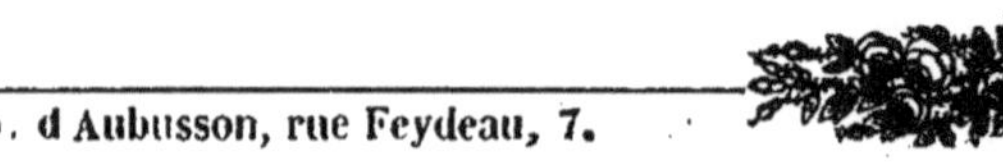

Paris. — Imp. d Aubusson, rue Feydeau, 7.